मोह की बातें (मेरी किताब)

नवजोत व्यास

इस पुस्तक को उन सभी लोगों के नाम जो मेरे जीवन में आए और मेरी सोच को परिवर्तित किया। धन्यवाद।

क्रम-सूची

भूमिका

इस पुस्तक में, हम एक युवा लड़के की कहानी सुनेंगे जो एक प्यारी लड़की से मिलता है और उनके बीच एक सुंदर दोस्ती की शुरुआत होती है। जैसे-जैसे उनकी दोस्ती बढ़ती है, लड़के के मन में एक सवाल उठता है - "क्या यह सच्चा प्यार है या केवल आकर्षण?" इस सवाल का जवाब पाने के लिए, वे अपने भावनाओं को समझने की कोशिश करते हैं और देखते हैं कि सच्चा प्यार और आकर्षण में क्या अंतर होता है।

इस कहानी में, हम देखेंगे कि कभी-कभी हमें लगता है कि हम किसी को बहुत पसंद करते हैं, लेकिन असल में वह सच्चा प्यार नहीं होता, बल्कि केवल एक तात्कालिक आकर्षण होता है। यह कहानी हमें सिखाती है कि अपनी भावनाओं को समझना और उनका सही मतलब जानना कितना महत्वपूर्ण है।

यह कहानी न केवल एक युवा दोस्ती और प्यार की कहानी है, बल्कि यह भी हमें सिखाती है कि कभी-कभी हमारी भावनाओं को समझना और स्वीकार करना थोड़ा मुश्किल हो सकता है। यह एक दोस्त के अनुभव पर आधारित छोटी कहानी है जिसे मैंने सरल और प्रेरणादायक तरीके से प्रस्तुत किया है।

आशा है कि आपको यह कहानी पढ़ने में मजा आएगा और इससे आप अपने भावनाओं को बेहतर समझ पाएंगे।

धन्यवाद।

आमुख

प्रिय पाठकों,

इस पुस्तक का आरंभ करते समय, मैं आप सभी का स्वागत करता हूं। यह कहानी एक युवा लड़के के अनुभवों का सुंदर प्रस्तुतिकरण है, जो प्यार और दोस्ती के बीच के विभिन्न रंगों को उजागर करता है। इस किताब में, उन्हें अपने भावनाओं के संघर्ष, संबंधों की समझ, और स्वयं पर विश्वास की आवश्यकता का सामना करना पड़ता है।

यह किताब न केवल एक रोमांचक कहानी है, बल्कि यह भी हमें यह याद दिलाती है कि जीवन में हमें किसी पर भरोसा करने से पहले अपने आप पर भरोसा करना चाहिए। यह एक महत्वपूर्ण संदेश के साथ युक्त छोटी कहानी है, जो हमें अच्छे और सही निर्णय लेने के लिए प्रेरित करती है।

मैं आशा करता हूं कि यह पुस्तक आपको मनोरंजन के साथ-साथ सोचने के लिए भी प्रेरित करेगी।

धन्यवाद।

आपका,

नवजोत

1. "पहली मुलाकात"

तो बात उस दिन की है, जब मेरी उससे पहली बार मुलाकात हुई। मैं अपनी कैमिस्ट्री की कक्षा में बैठा हुआ था और अध्यापिका पढ़ा रही थीं। उस दिन मैं और मेरा मित्र पीछे बैठकर बातें कर रहे थे, और जब हमारी बातचीत खत्म हुई, तो कक्षा में ध्यान केंद्रित हुआ। मैं अपने ख्यालों में खोया ही था कि अचानक कक्षा में एक नयी लड़की आई। वह मासूम, छोटी, बहुत प्यारी सी थी और चश्मा पहने हुए थी। वह कक्षा में सबसे आगे आकर बैठ गई और हम दोनों सोचने लगे कि यह नयी लड़की कौन है और कहाँ से आई है?

दिन ढल गया और मैं उसकी यादों में खोया रहा। अगले दिन सुबह हुई, लेकिन उस दिन कैमिस्ट्री की कक्षा नहीं थी। मन उदास था कि आज वह नहीं दिखेगी, बात नहीं हो पाएगी। फिर शाम ढली और अगली सुबह कक्षा में वह नहीं आई। मन हताश हुआ क्योंकि सप्ताह का अंत भी आ गया था। यह सोचकर कि वह सिर्फ एक दिन के लिए मेरी कक्षा में आई थी, मैं उदास तो नहीं परंतु सोचने लगा कि यह मेरे साथ ही क्यों हुआ।

सोमवार आया, लेकिन स्कूल जाने का मन नहीं था। यह सोचकर,

"तुम आए थे अपनी खूबसूरती दिखाने
शायद वापस न आओगे
पूछने की किसी लायक हूँ?"

आखिर घर में क्या करता, यह सोचकर स्कूल चला गया। पहला विषय कैमिस्ट्री का था। हैरानी की बात यह थी कि उस दिन मैं अकेला बैठा था क्योंकि मेरा मित्र अनुपस्थित था। कक्षा शुरू हुए बीस मिनट हो गए थे, लेकिन वह नहीं आई। फिर से मैं निराश होने लगा, तभी वह धीरे से आती हुई, अध्यापक की डांट सुनते हुए, मेरी बगल में आकर बैठ गई।

अब मेरी सांसें मेरी धड़कनों से तेज़ थीं। उसका महकता बदन, उसके खुले बाल और उसकी आंखों का चश्मा। मानो ये सब मुझसे कुछ कह रहे थे। जैसे ही मैं कुछ कहने की सोचता, उसने ही मुझसे मेरा हाल पूछ लिया। हाल-चाल से कब हमारी बात शुरू हुई, पता ही नहीं चला। बातें हुईं, और बहुत कुछ समान निकला हमारे बीच। विश्वास से लेकर शौक़ तक, मानो मैं खुद के ही स्त्री स्वरूप से बात कर रहा हूँ। मुझे बड़ी हंसी आई। मन में ख्याल आया,

"जिन राहों में मैं अकेला मुसाफिर था

जिन राहों में मैं अकेला था

परखने में थोड़ी कमी हुई

क्योंकि मेरा रास्ता धुंधला था

अब धुंध नहीं है

और इन राहों में मेरे अलावा भी

मुसाफिर हैं, जो मेरे जैसे हैं

पर मैं नहीं हूँ।"

कक्षा के अंत में मैंने अपना नंबर उसे दे दिया, यह सोचकर कि मुझे क्या ही मैसेज करेगी। पर सब कुछ उल्टा हुआ। घर जाकर सबसे पहला उसका ही "हेलो" आया। मानो खुशी का कोई ठिकाना नहीं था। मुझे सबसे खुश नसीब महसूस

हो रहा था। आखिर होता भी कैसे, मुझे ऐसा लगा कि मुझे खुदा मिल गया।

बात शुरू हुई पर खत्म नहीं हुई। ऐसा पहली बार था कि मैं किसी से इतनी देर बात करूं। यह नहीं कि मेरे मित्र नहीं हैं या मुझे बात करनी पसंद नहीं। उस वक्त की बात अलग थी, उसका हर एक मैसेज मानो मेरी धड़कन को बढ़ा रहा था। बात करते-करते रात के दो बज गए। हमारी बातें अभी भी जारी थीं। कुछ तो अलग था उसमें, कुछ तो ऐसा था जिससे मैं उसकी ओर आकर्षित हुआ। अगर सोचता क्या खास है तो बातें नहीं हो पातीं, इसलिए मैंने सोचा ही नहीं और समय के साथ बहता चला गया। बातें रात भर चलीं, सुबह कब हुई पता ही नहीं चला। फिर थोड़ी देर में स्कूल भी जाना था, उससे भी मिलना था। मन बेहाल था, उससे मिलने को उत्सुक था। स्कूल गया तो फिर से साथ में बैठे। बातें हुईं और फिर से मेरा मित्र स्कूल में नहीं आया। न जाने वह कैसी बातें थीं जो खत्म ही नहीं हुईं। उसकी मुस्कान में कुछ अलग ही बात थी। ऐसा लगता था जैसे मैं किसी अजनबी से नहीं, किसी ऐसे इंसान से बात कर रहा हूँ जिसे मैं बचपन से जानता हूँ। फिर दिन ढला और कल की "हेलो" से शुरू हुई बात का "अंत" आज भी नहीं हुआ। हमारी बातें फिर से रात दो बजे तक चलीं। सुबह हुई, फिर स्कूल गए। आज मेरा मित्र भी आया था। मैंने उसे नयी लड़की से मिलवाया। हमारी बातें हुईं। उस दिन भी हमारी बातें चलती रहीं, रात तक, सुबह तक, अगले दिन तक, उसके अगले दिन तक, और चलती रहीं।

2. "नज़्दिकियां"

इस बीच मुझे पता चल गया कि उसका कोई प्रेमी है और मुझे इससे कोई दिक्कत नहीं थी क्योंकि दिन का पूरा समय तो, मेरे साथ बिताती थी और न ही मुझे उससे कुछ प्रेम हुआ था। मुझे तो उसके औरों से अलग होने का व्यवहार आकर्षित कर रहा था। एक बात तो थी उसमें, वह मुझे कभी आंकती नहीं थी, कभी मेरी परेशानी या मेरी दिखावट में कमियाँ नहीं निकालती थी। शायद उसकी यही सादगी मुझे पसंद थी। सादगी भी चाँद सी, और मैंने खुद से पूछा उस वक्त:

"आस्मां में क्यों देखूं मैं, मेरा चाँद तो मेरे सामने है,
खूबसूरत तू इतनी कि सारा जग तेरा दीवाना है,
मगर क्यों तू मुझको अलग दृष्टि से देखती हो,
जो तुम अपने पास आने पर मुझे मजबूर करती हो?"

प्रश्न कठिन था और इसका जवाब भी कुछ नहीं था, आखिर होता भी कैसे, ये सवाल तो मेरा मेरे मन से था।

"हंसता हुआ मैं कहूँ तुझे प्रेम है,
रोता हुआ मेरा दिमाग कहे कि अब ये भारी मुश्किल है,
एक हंसता, एक रोता, बीच में कुछ समय का मौन भी होता,
उस वक्त न प्रेम था, न सादगी थी,
न मुझे आकर्षित करती कोई चीज़,
उसमें जो था, वह मोह था, हवस था।"

महीने बीत गए, बातें कम नहीं हुईं। अब हर दिन मानो मैं उसके साथ था, मानो हर वक्त मैं उसके पास था। अब तो वह सपने में भी आने लगी और सच में सपनों में भी बातें कम नहीं हुईं। अब मानो उससे मुलाकात न हो तो दिन अधूरा लगता था, उसका मैसेज न आए तो रात को नींद भी नहीं आती थी। बेचैनी होती थी और उस वक्त सिर्फ एक ही ख्याल आता था, क्या वह भी मेरे बारे में सोचती होगी, क्या वह भी मेरे मैसेज का इंतज़ार करती होगी, क्या वह भी बेचैन होती होगी कि, "मैं कहाँ हूँ?" फिर अचानक उसका "हैलो" आ जाता, कहती कि अपने प्रेमी से बात कर रही थी। मुझे तो सिर्फ उसकी बातें पसंद थीं, तो मैं भी नजरअंदाज कर देता और फिर बात चलती रहती।

कुछ और महीनों बाद उसका मैसेज आया, "रोहन, हमारी लड़ाई हुई और अब हम प्रेमी और प्रेमिका नहीं रहे।" यह सुनकर मेरा भी मन थोड़ा हताश हुआ, क्योंकि जिसे हमेशा खुश देखने की आदत थी, वह आज पहली बार नाराज़ थी। उसने मुझे बताया कि मैं ही हूँ जो उसे समझ सकता हूँ। उसने अपनी सारी परेशानियाँ बताईं, अपने बारे में सब कुछ बताया जो बताने लायक था। मुझे उसकी पहली चिड़िया का नाम भी पता था, उसके पूरे परिवार के बारे में पता था। अब सोचो, ऐसे व्यक्ति को हताश देखकर मन को बुरा तो लगता ही है। आखिर मैं हूँ तो इंसान ही। फिरसे बातें हुईं, पर इन बातों में कुछ और अपनापन था। वह मुझसे पूछने लगी, "खाना खाया कि नहीं? भूखे तो नहीं सो रहे हो?" "आज का दिन कैसा था और क्या किया दिन भर मेरे बिना?"

अब इन बातों में गहराई थी। मुझे सब पता था कि उसके परिवार में क्या चल रहा है, कौन क्या करता है, वह किसके साथ है या किससे बात कर रही है। मानो उसने मुझे अपनी पूरी जनमपत्रिका दे दी, मानो उसने मुझे खुद को सौंप दिया। मैं अनजान था, मुझे तो यह दोस्ती ही लगी। मुझे खबर भी नहीं थी कि वह मेरी दीवानी हो गई। शायद मेरी जवानी अभी भी बचपन में थी। लाख कोशिश की उसने मुझे बताने की, शायद उसे मुझसे प्यार है, शायद प्यार हो भी न। अब बात कुछ ऐसी है कि वह मेरे भाइयों से भी बात करने लगी, उनसे भी पूछने लगी, "रोहन, क्या कर रहा है, किधर है? मेरे संदेश का जवाब क्यों नहीं दे रहा है?" अब उसे सब पता था कि मैं क्या कर रहा हूँ और क्या करूँगा, और मुझे सब पता था कि वह क्या करेगी और मुझे क्या कहेगी। इस वक्त दिल में ख्याल आया कि,

"क्या चाहिए तुझे मुझसे,

क्या मुझे कुछ चाहिए तुझसे,

क्यों होती हैं रोज़ मुलाकातें,

क्यों होती हैं रोज़ ये बातें,

क्या यह प्यार का नशा है

या सिर्फ मोह की बातें?"

हमारी परीक्षा नज़दीक आ रही थी। मैं हर बार की तरह पढ़ाई में व्यस्त था और वह पहली इंसान थी जिसे मैं मिला था, जिसे परीक्षा की फिक्र नहीं थी। ऐसे भी लोग होते हैं, मुझे तब पता चला, जिन्हें किसी का गम नहीं, किसी चीज़ का सुख नहीं, न किसी चीज़ का भय और न किसी चीज़ की चिंता। उसने मुझे यह सोचने पर मजबूर किया कि कोई ऐसे कैसे हो सकता है, कोई मेरे जैसा होकर भी मुझसे

इतना अलग क्यों हो सकता है। पर इन बातों में ध्यान देता तो पढ़ाई नहीं हो पाती। मेरे पीछे-पीछे मैंने उसे भी पढ़ने पर मजबूर कर दिया, उसे शुरू से पढ़ाने लगा, मस्ती भी की, पर उसे सब समझ आ जाए, उसकी पूरी कोशिश भी की। रात भर किसी विषय के बारे में समझाने से लेकर उसके लिए वीडियोज़ बनाने में सब कुछ किया। पर उसे कुछ समझ आता तो नहीं। वह हंसते-हंसते पढ़ने का नाटक भी नहीं कर पाती थी। घंटों भर मुझसे बातें करती, मुझे अपनी ओर खींचती और दूर भी करती, मानो "शहद भालू को आकर्षित करती है, पर शहद दूर होकर भालू पहुँच भी नहीं पाता, बस उसे देखकर ही अपनी भूख मिटाता।" उसी तरह मेरी भी हालत थी। पर पढ़ना भी जरूरी था। पढ़ाई कम नहीं की, मेरा ज़्यादातर समय पढ़ाई में लग गया और उससे बातें कम हो गईं। ऐसा नहीं कि बिलकुल ही बात नहीं हुई, पर इतनी ज्यादा भी नहीं हुई कि मैं रात भर जागा रहूं। यह वह वक्त था जब पहली बार मैंने और उसने "गुड नाइट" बोलकर बात खत्म की, वरना अभी तक तो हमारी बात जो शुरू हुई थी, आज तक कभी खत्म ही न हुई थी।
"ऐसा नहीं कि हाल नहीं पूछती थी वह हमारा,
बात ये थी कि हाल बेहाल था
और उन्हें बेचैन करना हमें पसंद नहीं।"
यह ख्याल नहीं, यह हकीकत थी मेरी कहानी की। परीक्षा जैसे-जैसे करीब आ रही थीं, वैसे-वैसे उसका मेरी ओर आकर्षण बढ़ गया और वह मेरे इतने करीब आ गई कि मुझे खुद के लिए भी वक्त न बचा। पहली बार लगा कि मुझे किसी ने खुद से अलग कर दिया और मैं खुद से भी कुछ कह नहीं पा रहा था। इन छह महीनों में पहली बार

उससे दूर रहने की कोशिश की, पर कर न पाया। उससे बात करने का नशा मेरे अकेले न होने से ज्यादा बड़ा था। मैं चाह कर भी उससे अलग न हो सका। इस दौरान हमने लड़ना शुरू कर दिया। "तू ऐसी है, तू ऐसा है, तू बुरी है-तू बुरा है," ये बातें कब शुरू हुईं पता ही नहीं चला। बुरा मुझे इसलिए नहीं लगा कि मुझसे लड़ाई कर रही थी। बुरा लगा इस बात का कि मुझे सोचने का वक्त भी न मिला कि "रोहन, क्या यही प्यार है या मोह?"

3. "ब्रेकअप?"

"अब हमारी बातचीत की जगह तकरार ने ले ली। रोज़ की हलचल भरी बातें अब खामोशी में बदल गई थीं।"
पता नहीं, यह कैसे और क्यों हुआ, पर जो भी हुआ, मुझे तनाव हुआ। परीक्षा शुरू हो गईं। हम दोनों फिर से साथ में पढ़ने लगे। मेरी परीक्षा अच्छी जाती और वह कुछ लिखती भी नहीं। मानो पता नहीं किन खयालों में खो जाती। अभी भी मेरे भाइयों से सवाल पूछना, "रोहन कैसा है," यह कम नहीं हुआ। मैं भी उससे पूछता था।

परीक्षा खत्म हुई और फिर दोबारा बातें शुरू हुई। थोड़ी बहुत लड़ाई भी हुई, पर पहले जैसी नहीं। खफा होती थी वह हमसे, पर इतनी भी नहीं कि "गुड मॉर्निंग" न आए। इतनी बातों के बाद भी मुझे कुछ हिजाबान महसूस हुआ, पर कुछ पता भी नहीं था। फिर एक रात शायद उसके दिल से आवाज आई होगी या शायद उसे कुछ महसूस हुआ। उसका मुझे मैसेज आया, कहकर कुछ बताना है तुम्हें, कुछ कहना है तुम्हें, इतने दिनों से जो बताया नहीं। मैं भी बेचैन था उसकी बात सुनने को। मैं भी थोड़ा सा घबराया हुआ था उसकी बात सुनने को। फिर उसका मैसेज आया कि "मुझे तुम पसंद हो, क्या तुम्हें मैं पसंद हूँ?" यह पढ़कर दिल में ख्याल आया कि मैंने कब ऐसा जताया कि मुझे इनसे प्यार है। मैंने कब ऐसा महसूस कराया कि मुझे उनसे प्रेम है। शायद यह रात भर बातें उसे लुभा गईं या शायद मेरा होना उसे लुभा गया। अब जो भी हो, इसके पीछे की वजह

आखिर सवाल तो उसका मुझसे था, "क्या प्यार है तुझे?" "मेरा जवाब न 'हाँ' था न 'ना'। मुझे एक और सवाल सता रहा था - क्या यह प्यार था या महज मोह? शायद इसका जवाब उसे भी नहीं पता था।" मैंने उसे मना कर दिया। प्यार नहीं है तुमसे, यह बोलकर उसे मुझसे खफा कर दिया। मैं यह नहीं चाहता था कि उसका बुरा हो। न मैं यह चाहता था कि वह अपना समय मुझ पर व्यर्थ करे। मैं यह भी नहीं चाहता था कि मैं अपना समय उस पर व्यर्थ करूं। आखिर मुझे तो अपने भविष्य की परवाह थी। या शायद मैं कायर था। शायद मैं प्यार से डरता था। शायद मुझे पता भी नहीं था कि प्यार क्या है। या शायद उस वक्त मैं सही था? वजह जो भी हो, उस वक्त मैंने वही किया जो मुझे ठीक लगा। मैंने उन्हें ठुकरा दिया।

अब उसके मैसेज और ज़्यादा आने लगे। वह मुझसे और ज़्यादा मिलने लगी। मुझे खुश करने के लिए वह बहुत कुछ करती और मुझे मनाने के लिए, वह मेरी "हाँ" पर "हाँ" करती। अब स्कूल भी खत्म हो गए थे। मैंने उससे पूछा कि मैं ऐसा क्या करूं कि तू मुझसे दूर हो जाए। मैं तुझे कैसे गुस्सा दिलाऊं? मैं तुझे कैसे समझाऊं कि यह सब मोह है और मैं तुझे खुद से कैसे अलग करूं। मानो तुम मेरी परछाई हो, कभी मेरा साथ नहीं छोड़ती और मैं तुमसे कहता हूँ कि मैं परछाई के बिना जी सकता हूँ। इसका जवाब देते हुए उसने मुझसे कहा,

"रोहन, तुम लाख कोशिश कर लो, मैं तुम्हें भुला नहीं पाऊँगी। जितनी बार भी तुम मुझे दूर करने की कोशिश करोगे, मैं वापस आ जाऊंगी। चाहे तुम जहन्नुम में भी चले जाओ, मुझसे बचकर, मैं तुम्हें जहन्नुम से उठाकर जन्नत

तक ले आऊंगी।"

बात यह नहीं कि मुझे जन्नत नहीं पसंद, बात यह नहीं कि मुझे तुम नहीं पसंद। बात यह है कि हम साथ आ गए तो क्लेश रोज़ होंगे। हम साथ आ गए तो हमारी बातें कम हो जाएंगी। हम साथ आ गए तो हमारे बीच प्यार तो बढ़ेगा, परंतु इस प्यार की गहराई कम हो जाएगी। मुझे डर है कि मैं तुम्हें इतना चाह लूंगा कि मैं खुद को भुला दूंगा और तुम मुझसे इतना प्रेम कर लोगी कि मैं प्रेम का अर्थ भूल जाऊंगा। यह कह कर मैंने बात खत्म करनी चाही, पर वह ज़िद्दी बहुत थी, मानती नहीं। और मुझे समझ आया कि हमारा आगे कुछ नहीं है। मुझे अपनी और उसकी तरक्की चाहिए थी और उसे सिर्फ मैं।

बात आज फिर से युद्ध में खत्म हुई और अंत में जीत मेरी हुई। नहीं मिलेंगे हम फिर कभी। नहीं होगी यह बातें हमारे बीच फिर कभी। न मैं तुझे देखना चाहूंगा और न तू मुझे कभी देख पाएगी। यह बोलकर मैंने उसे हर जगह से गायब कर दिया और मैं अपने आप पर ध्यान देने लगा। न अब देर रात बातें होती थीं और न मेरा फालतू का समय व्यर्थ होता था। जीवन उसके बिना अधूरा तो था, पर मुझे मैं मिल गया तो उसमें मैं खुश हो गया।

आखिर वह लम्हें थे तो सुहाने, मानो सपने जैसे, जिसके लिए मैंने कुछ लिखा है:

"शायद मेरा ख्वाब ही झूठा था जो तुझे अपना समझ बैठा, शायद मैं ही गलत था, जो तुझे अपनी मंज़िल समझ बैठा था, शायद वह हसीं पल ही गलत था, जब तूने मुझे यह सोचने पर मजबूर किया, शायद तू मेरा ही भरम था और मैं तुझे सच मान गया।"

4. "फ़िरसे मिलन"

स्कूल खुलने शुरू हो गए, मैं उससे दोबारा नहीं मिलूंगा, ये सोचकर पहला दिन शुरू हुआ। आज पहले दिन मैं कक्षा में अकेला नहीं था, मुझे नए दोस्त भी मिले और मैंने नई शायरी भी सुनी। पूरा दिन सही था और स्कूल खत्म होने से पहले बायोलॉजी की कक्षा थी, जिसमें मुझे फिर से वह दिखी।

"तुम्हारा वापस आना कोई सपने जैसा है, जो हकीकत लगे पर हकीकत न हो।"

मेरे दिल से आवाज़ आई जब उसे फिर से अपनी कक्षा में देखा। मैं कक्षा में गया ही था कि अध्यापिका ने बैठक-योजना बोर्ड में दिखा दिया। हैरानी की बात यह थी कि मेरा और उसका नाम साथ में था, मानो खुदा भी हमें साथ देखना चाहता था। फिर क्या करता, अध्यापिका से लड़ता कि मुझे इसके साथ क्यों बैठाया? नहीं, तो हम भी बैठ गए, यह सोचकर:

"छोड़ो जाओ अब,

अब इन आशिकी के रास्तों में हम चलते नहीं,

ये सोच के कि जनाब उड़ान लेना चाहते थे इस मोहब्बत के,

पंख काट गए आप खुशी से ही।"

बैठ तो गए थे, मगर गुफ्तगू न हो सके। एक फूल से, वो फूल गुलाब का तो नहीं? आखिर बातें कैसे न होतीं, न उससे गिला शिकवा हमसे था, न हमें उससे कोई नाराज़गी।

बातें शुरू भी उस हिसाब की हुईं जैसे हम पहली बार मिले हैं। उसने हमें अपने बारे में बताया कि वह कौन हैं और हमने अपने बारे में बताया। उसने हमें अपनी नई सहेली से मिलवाया और हमने वहाँ नए मित्र भी बनाए। खूब बातें हुईं, जो सोचा नहीं था, शायद खुदा को यही मंज़ूर था या शायद मुझसे बात करना उसे पसंद था या फिर हमें वह फिर से पसंद आ गई थी। आखिर हो भी क्यों न,

"हमने उनकी अँधेरी गलियों में रौशनी लाई थी,

अब उन्हें सूरज से प्रेम है, इसमें हमारी क्या गलती?"

उसकी बातों में मुझे कुछ समझ दिखी, उसके ढंग में कुछ अलग दिखा। शायद हमारे बिना वह बेहतर हो गई थी या हमारे बिना वह बुरी, यह बात उसके साथ ही रहेगी और उसके पास ही रहेगी। उस दिन खूब हँसी-मज़ाक से पूरा दिन गुज़रा, बड़े मज़े से हमने वह कक्षा खत्म की। जाने से पहले उसने हमसे पूछा कि "क्या अभी भी खफा हो हमसे?" जवाब मेरा फिर से न "हाँ" था, न "ना।"

हम घर आए, हम बहुत खुश थे। मानो मुझे सच में मेरा खोया हुआ चाँद वापस मिल गया। पर फिर भी डर था सीने में कि कहीं फिर से वैसा न हो जाए जैसा पिछली बार हुआ था। खैर, उस वक्त इस हकीकत को जाने दिया और उसे जिस-जिस जगह से गायब किया था, वहाँ से वापस अपनी ज़िन्दगी में लादिया। इस बार सच में कुछ अलग था। हमने रात भर बातें नहीं कीं। मेरा एक मैसेज जाता, उसका कुछ घंटों बाद जवाब आता, फिर मेरा कुछ घंटों बाद।

इस तरह सिलसिले चलने लगे इस जीवन में। मुझे क्या पता था कि जिस सन्नाटे में मैं जी रहा था, वह तो आँधी के आने का इंतजार कर रही थी। कुछ महीनों तक हमारी

बातें चलीं, हम फिर धीरे-धीरे और करीब होने लगे। मैं उसके साथ और घूमने लगा और उसके सहेलियों के नाटक देखने भी जाने लगा। मानो इस वक्त मैं सच में उसके साथ था। जो गहराई और दूरी हमारे बीच थी, वह कम होने लगी। इस दौरान वह मुझे कभी भी बुला लेती थी, यह कहकर, "सुनो, मैं दोस्तों के साथ स्केटिंग जा रही हूँ, तुम मेरे साथ चल सकते हो प्लीज़?" या कभी, "सुनो, समुद्र तट चलें?" "रोहन, चलो ट्रेक करते हैं।" "रोहन, चलो स्विमिंग चलते हैं।" या "रोहन, मुझे भूख लगी है, चलो कुछ खाने चलते हैं।" और भी बहुत कुछ। हर वक्त उसके साथ रहना मुमकिन तो नहीं, कई दफा मन भी किया पर कई दफा अच्छी यादें भी बनाईं (जो यादें बुरे सपने बनने वाली थीं)।

इस दौरान उसे फिर से हमसे कुछ लगाव होने लगा और हमें भी कुछ अलग महसूस होने लगा। फिर से प्रश्न आया कि क्या यह सच में मोह है या प्यार? पर इतनी जल्दी सोचने से अच्छा था कि पढ़ाई में ध्यान दूँ। आखिर उसने पहले ही बता दिया था, "रोहन, मैं यूनिवर्सिटी नहीं जाऊँगी और न ही कोई परीक्षा दूँगी। मैं यहाँ इसलिए हूँ ताकि मेरे माता-पिता संतुष्ट रहें कि कम से कम उनकी बेटी स्कूल में है।"

बात आई उसके माता-पिता की। उसने पिछले साल ही बताया कि उसके माता-पिता बहुत कठोर हैं और रात को सोने से पहले उसका फोन छीन लेते हैं। पर वह कहाँ अपने माँ-बाप की सुनती है, तो फोन रात को चुपके से अपने पास रख लेती है ताकि दोस्तों से बात कर सके या मुझसे बात कर सके। यह बात मैंने कई दफा नजरअंदाज की, पर शायद मुझे नहीं करनी चाहिए थी। "जो खुद पिता की

इज़्ज़त न रख सकी, उनसे आप घर की इज़्ज़त सौंपते हैं?"
खैर, शायद उस वक्त मुझे उसकी परवाह ही नहीं थी, या
हम खुद में ही मशरूफ थे। वजह जो भी हो, वजह तो यह
भी है।

5. "क्या?"

अब हम साथ में ब्रेक में घूमा करते, सिर्फ वह और मैं। मैं अपने मित्रों से अलग, उसके साथ रहना ज़्यादा पसंद करता था। इस दौरान हम रोज़ स्कूल के पास वाली दुकान में "फ्राइज" खाने जाते। कभी वह "वेतन देती" करती तो कभी मैं। ज़्यादातर मुझे "वेतन" करना पसंद था क्योंकि वह कहती थी, "रोहन, अब शायद तुम ही मेरा भार उठाओगे और मेरे पिताजी मुझे तुम्हें सौंप देंगे।" यह बात उसने जब बोली तो कुछ समझ नहीं आया और मैंने इसे नजरअंदाज कर दिया।

अब ये छोटे-छोटे सिलसिले वापस होने लगे और हम फिर कुछ ज़्यादा ही करीब आने लगे। जहाँ कुछ महीनों पहले हम एक-दूसरे को जवाब देने में पूरा दिन लगाते थे, आज वह हम एक पल में जवाब देने लगे और फिर से हमारी बात रात भर चलने लगी। इस दौरान हमारे नकली परीक्षण भी शुरू हो गए और सब परीक्षा की तैयारी में भी लग गए।

अब बात उस दिन की है जिस दिन मेरी परीक्षा खत्म हुई। मुझे उसका कॉल आया:

"रोहन, मेरी परीक्षा खत्म हो गई। तुम कहाँ हो?"

"मैं स्कूल के बाहर अपनी गाड़ी में," मैंने कहा।

"रुको, मैं अभी वहाँ आती हूँ," उसने मुझसे कहा।

हम मिले और हमारा समुद्र तट जाने का योजना बना। हम समुद्र तट पर चले गए, वहाँ वह "समुद्री सीपियाँ" इकट्ठा करने लगी और मैं भी उसके साथ शंख ढूँढ़ने लगा। फिर से

हंसी-मज़ाक कम न हुआ, बातें भी हुईं। उस वक्त मैंने पूछा, "इसके बाद क्या कर रही हो?" उसका जवाब थोड़ा अजीब था। उसने कहा, "मैं अपने दोस्त के साथ कहीं घूमने जा रही हूँ। वह मेरे साथ काम करता है और शायद मैं उसके साथ फेयरवेल में आऊँ।" यह सुनकर मेरे होश उड़ गए और मैं हताश हो गया। मेरे दिल से आवाज़ आई:

"लेने गया फूल गुलाब का इस आशिके के बाजार में, ले आया गेंदे का फूल, मैं अपने छोटे से मकान में। बात ये नहीं कि वहाँ गुलाब न था, किन्तु जो हमें चाहिए था, वह किसी और को प्यारा था।"

मैंने उससे पूछा, "तुम कब जाओगी?" और उसने बताया कि वह कुछ ही देर में आता ही होगा। क्योंकि मैंने उसे समुद्र तट पर बुलाया था और उसने कहा था कि वह बारह बजे के बाद ही आ सकता है, इसलिए हम समुद्र तट आए थे। यह सुनकर मैंने पूछा, "तो क्या वह बॉयफ्रेंड है?" उसने कहा, "नहीं, वह सिर्फ एक अच्छा दोस्त है।" यह कहकर उसे उसका कॉल आ गया और वह उससे बात करने लगी, जैसे मानो मेरा अस्तित्व ही नहीं है। बात खत्म हुई और उसने मुझसे कहा, "चलो, तुम्हें मिलाती हूँ।" दिल से आवाज़ आई, "चलो, देखें तो कौन मेरा चाँद चुरा रहा है?" जब मिले तो वह भी साधारण सा लड़का, उससे तीन साल बड़ा, कद में मुझसे छोटा और बहुत दाढ़ी थी। सिर्फ "हेलो" से आगे बात नहीं हुई पर मैं समझ गया कि वह उसे पसंद करती है क्योंकि उसके आते ही मानो वह मुझे भूल ही गई, मानो मैं कभी उसके जीवन में था ही नहीं। और वे दोनों वहाँ से चले गए। जाते-जाते मैंने उससे कहा, "देख लो, एक बार सोचना भूलना मत कि वह प्यार है या मोह?"

उसके आने के बाद भी हमारी बातें कम नहीं हुईं। उसने मुझे कई बार समझाया, "रोहन, हम सिर्फ दोस्त हैं, हमारे बीच ऐसा कुछ नहीं है जैसा तुम सोच रहे हो।" होता क्यों न, अब जब भी हम घूमने जाते, वह उस लड़के से बात करने लग जाती। कभी-कभी बातें घंटों चलतीं और इतनी मीठी उसकी बोली होती, उसके साथ बात करके मानो वह रूप मैंने देखा ही नहीं आज तक। एक दिन ऐसा भी आया, हम साथ में थे, उसका कॉल आया और वह मुझे छोड़कर उसके साथ चली गई। हद उस दिन हुई, जब हम रात में बातें कर रहे थे और मुझे उसे कुछ बताना था और वह मेरी पूरी बात सुने बिना ही सो गई। अब सोना बुरा या गलत नहीं, पर जब वह उस लड़के के साथ एक बजे तक बाहर घूम सकती थी, यह जानते हुए भी कि उसके माता-पिता बहुत कठोर हैं। पर मेरी बात सुनते ही उसे नींद आ गई, जबकि उस वक्त ग्यारह ही बजे थे रात के। यह कैसा खेल है, "रोहन," जो तू समझ न पाया? मन से आवाज़ आई, "रोहन, जिनकी हर कही बात सर आँखों पर थी, जो कह दे जान दे दो, तुम खुशी-खुशी दे दो, उनसे सिर्फ तुम्हें वफ़ा चाहिए थी और वह उसी में ही असफल हो गईं।"
बात जरूरी भी थी और उन्होंने हमारी इज्जत भी न रखी। ऐसे में हम उनसे खफा न होते तो क्या होते? उस दिन मैंने फिर से बातें नहीं कीं। बहुत कॉल आए उनके, कई मैसेज भी आए, उनके ही नहीं, उनके सहेलियों के भी आए और तो और उनके नए "दोस्त" के भी आए। बात बड़ी नहीं थी और इतनी छोटी भी नहीं थी कि मैं भुला दूँ, पर माफ न करूं, इतना कठोर भी नहीं हूँ। उन्हें माफ कर दिया, यह सोचकर कि शायद प्रायश्चित हुआ होगा। और करना ही पड़ा, अब

उनका जन्मदिन भी आ गया था। उन्होंने मुझे बुलाया था, मगर हम गए नहीं, क्योंकि वहाँ उनका दोस्त भी आने वाला था। तो यह सोचकर कि उन्हें हम नहीं चाहिए, तो हम क्यों जाएँ?

अब जन्मदिन भी हो गया और आखिरी परीक्षा भी पास आने लगी। एक दिन वह हमारे पास आई और कहने लगी, "रोहन, हमारी लड़ाई हो गई है और मैं उसकी शक्ल कभी देखना पसंद नहीं करूंगी। वह आदमी बहुत बुरा है और मैं उसके साथ एक पल नहीं रह सकती।" मैंने शांत कराया और पूछा, "क्या हुआ?" उसने विस्तार से बताया कि कैसे उनकी बहस हुई और कैसे उनकी अनबन झगड़े में बदल गई। यह बात सुनकर मैंने दिलासा दिया और यह सोचकर कि कल वह वापस आ जाएगी, मैंने इस बात को भी नजरअंदाज कर दिया।

कुछ हफ्ते हो गए और वह मुझसे कहने लगी, "रोहन, क्या तुम मेरी सहेली के साथ फेयरवेल में जा सकते हो?" मेरा जवाब इस वक्त "हाँ" था, क्योंकि मेरा कोई नुकसान नहीं था। मुझे न पैसे देने थे और न ही मुझे उससे प्रेम था। मैं तो उसकी सहेली को पसंद भी नहीं करता था। बात फाइनल हुई और उसके कुछ दिनों बाद ही हम फिर से रात भर बातें करने लगे। इस वक्त हम एक दूसरे को "चुलबुले" तृप्त वीडियोस भेजने लगे, मानो दो प्रेमी एक-दूसरे से बातें कर रहे हों। और ऐसा हमारा कई दिनों तक चला और उस दौरान मैं भी उसके इशारों के सवाल बनाकर उनसे पूछने लगा, जैसे, "तुम और मैं कब?" "हम दोनों किसी दिन।" "क्या हो तुम और मैं एक कमरे में बंद हो जाएँ और चाबी खो जाए?" और भी बहुत सारे। और वह हमें इसके जवाब

देने लगी, जैसे, "तुम कहो तो मैं अभी तुम्हारे पास आ जाती हूँ," "हाँ, हम दोनों हर दिन," "अगर चाबी खो गई और हम दोनों अकेले हो तो रौशनी बंद करके छुआ-बिल्ली खेलेंगे।" और भी बहुत सारे।

बातें हुईं और भी बहुत सारी और हमारा मिलने की योजना बनी जिस दिन मेरा जन्मदिन था। उस दिन हमारा मूवी देखने का योजना था और हम मूवी के लिए पहली बार घर से झूठ बोलकर निकले कि "मैं खेलने जा रहा हूँ।" उस दिन मैं उसके साथ आया था। हम गए, मूवी के दौरान हम दोनों बहुत घबराए हुए थे। मेरे हाथ और पाँव पहली बार कांप उठे थे, जब मैंने उसे उस तरीके से छुआ था। हमने उस दिन मूवी देखने के अलावा सब कुछ किया, जो मेरी उम्र के लोग करते और यह पूरा पल बहुत अजीब था, मानो मैं सपने में था। उस दिन से मानो मेरी ज़िंदगी में बहुत खुशी आ गई, मानो मुझसे खुश इंसान कोई नहीं इस दुनिया में। मेरे दिल से आवाज़ आई:

"शायद आज खुदा ने मेरा ख्वाब पूरा कर दिया, मुझे तुम जैसा गुलाब जो मिल गया, शायद आज पूर्णिमा की रात है, जो मुझे चाँद का टुकड़ा नहीं, पूरा चाँद मिल गया।"

6. "प्यार फिरसे?"

अब हमारी पहले जैसी बातें नहीं होतीं, अब हमारी लड़ाई नहीं होती, मानो अब हम एक हो गए थे और आशिकी कर रहे थे। अब हमारी हर रात "वीडियो कॉल" पर बात होती। बिना उसके चेहरे को देखे मेरी नींद न खुलती और बिना उसकी आवाज सुने मानो मुझमें जान ही नहीं। अब हम कई बार मिलते थे और हर बार अलग-अलग जगह घूमते और सैर करते। मुझे पहली बार किसी पर इतना प्यार आया, मुझे पहली बार लगा कि मुझे साथ मिला है। उस वक्त मुझे यह सवाल पूछने की ज़रूरत नहीं पड़ी कि यह मोह है या प्यार, क्योंकि दिल ने तो स्वीकार किया था कि यह प्यार ही है।

मुझे इस वक्त इतना खुश देखना शायद खुदा को पसंद न था और उसने भी हमारे रिश्ते को बुरा सपना बना दिया, जो कि कुछ ही देर बाद टूट गया। अब इस दौरान हम फिर से बातें करने लगे और मिलने लगे, और हर हफ्ते हम घूमने जाते या डेट पर जाते। हमारे रिश्ते को शुरू हुए दो महीने ही हुए थे कि एक दिन उसने कहा, "रोहन, मैं इस लड़के से फिर से बात करने लगी हूँ और मैंने उसे माफ कर दिया।" आखिरकार, मैंने इस बात को भी नजरअंदाज कर दिया और भुला दिया। अब इस बीच लड़ाई तो नहीं हुई, परंतु मुझे अलग-अलग सपने आने लगे कि कैसे वह मुझसे दूर हो जाएगी और कैसे वह उस लड़के के साथ भाग जाएगी। पर इस दुनिया ने ही सिखाया है कि बुरा सोचोगे तो बुरा होगा,

तो मैंने सोचना ही छोड़ दिया, क्योंकि कुछ ही महीनों बाद ये सपने सच होने वाले थे। अब उस पर भरोसा करना मेरा फैसला था और मैं अपने फैसले पर अडिग रहा और इस संबंध को चलने दिया।

एक रिश्ता तब मजबूत होता है जब दोनों पक्ष से कोशिश हो। रिश्ता बनाने को यदि कोई एक भी पीछे हटा या थोड़ी भी कम मेहनत की तो रिश्ते डगमगा जाते हैं, संतुलन बिगड़ जाता है और रिश्ते टूट जाते हैं। यही कहानी थी मेरे इस कुछ ही महीने की प्रेम की। मुझे जोड़ना आता था और उसे तोड़ना। कमी मुझमें ही थी शायद जो उसे दिख गई या शायद मैं बुरा था?

खैर, जो भी हो, वह मेरी नहीं रही। अब जो जाने का दुःख मनाऊंगा तो मेरे मित्र गुस्सा हो जाएंगे। तो हमने भी कहा, छोड़ो यार, जाने दो और आगे बढ़ो। अब हुआ ये कि जिस फेयरवेल पार्टी में मैंने उसकी सहेली के साथ जाना था, उस दिन मैं उसी के साथ फेयरवेल पार्टी में गया था। पार्टी में हम दोनों ने मैचिंग कपड़े पहने थे, उसके लिए खास गुलाब भी लाए थे। हम दोनों बहुत ही खुश थे, या शायद सिर्फ मैं ही खुश था और वह किसी और के खयालों में। इस बार भले ही मुझे प्यार था, और इस बार उसने मेरे प्यार को मोह भी बना दिया। मोह कहूं या हवस, जो भी कहो, यह था जिस्मानी प्यार। मुझे समझने में देर हुई कि वह कैसे मुझसे नहीं, मेरे जिस्म से प्यार करती है।

पार्टी खत्म और परीक्षा शुरू हो गई। परीक्षा में फिर से वही हुआ, हम दोनों परीक्षा के बाद पार्क में या समुद्र तट पर घूमने जाते और वहां कुछ घंटे बिताते। इस दौरान बातें भी होतीं और कुछ ज्यादा मोह भी बढ़ता। यह सिलसिला परीक्षा

खत्म होने के बाद भी वैसे ही चला। अब उसे मुझसे कुछ चाहिए था, जो शायद मैं समझ न पाया। शायद उसे मुझसे मैं चाहिए था और मैं तो खुद को उसी पल खो चुका था, जिस पल हम दोनों एक हुए।

अब वह मुझसे कहने लगी, "रोहन, मुझे यहाँ नहीं रहना, मुझे वापस भारत जाना है और वहीं रहना है और कुछ ही सालों में मुझे तुमसे शादी करनी है।" मैं क्या कहता, मेरा जवाब फिर से न "हाँ" था, न "ना" था। होता भी कैसे, मुझे तरक्की करनी थी, शादी तो मैं बाद में भी कर सकता हूँ। मुझे तो यहीं विदेश में मन लग गया, भारत तो मुझे जाना भी नहीं था। पर मैंने उससे कहा, "क्यों न हम शादी छोड़ें और अपने ऊपर ध्यान दें, क्यों न हम साथ में पढ़ाई करके अच्छे से जीवन बनाएं, क्यों न हम साथ में बड़े हों और साथ में एक-दूसरे को सहारा देकर, एक-दूसरे को खुद के काबिल बनाएं और खुद की तरक्की देखें।" परंतु उसे तो इनमें से कुछ भी रुचिकर नहीं था। उसे न पढ़ना था, न तरक्की करनी थी, और न ही घर की जिम्मेदारी लेनी थी। आज उनके बारे में सोचता हूँ, तो यह सोचता हूँ कि क्या "ऐसे भी लोग होते हैं? कैसे रहते हैं ये लोग और करते क्या हैं इनके माँ-बाप जिनके बच्चों को परवाह ही नहीं उनके भविष्य की?" मैंने उससे कहा, "कोई बात नहीं, तुम कुछ मत करो, बस मेरे साथ रहो। पर मुझे तो कुछ करने दो, अगर तुम अपना भविष्य नहीं देखना चाहती, मुझे तो देखने दो। मुझे तो काबिल होने दो, मुझे तो अपने ऊपर ध्यान देने दो। क्यों मुझे अभी शादी के मोह में धकेलती हो, क्यों मुझे तुम फिर से खुद से अलग कर रही हो?"

यह सुनकर उसे अच्छा नहीं लगा और वह मुझसे उस दिन से खफा रहने लगी और मुझे बताया भी नहीं।

उस दिन के बाद कभी शादी का जिक्र नहीं हुआ। जब हुआ, तब उसने कहा, "रोहन, तुम मुझे छोड़ दोगे, तुम मुझसे शादी नहीं करोगे और मुझे फिर से तनहा छोड़ कर चले जाओगे।" मैंने उसे अपने दिल के सारे राज़ बता दिए और उसे यह भी कह दिया कि मैं तुम्हें छोड़ नहीं सकता, पर यह यकीन है, तुम मुझे उसके लिए छोड़ दोगी। मैंने उससे कहा, "मुझे लगता है तुम्हारे जीवन में मेरे अलावा भी कोई और है। अगर है तो मुझे पहले ही बता दो, मैं सच में चला जाऊंगा। रही बात मेरे जाने की, मैंने तुमसे प्यार किया है और तुम पर भरोसा किया है। अब इस भरोसे को तोड़ना या रखना तुम्हारे ऊपर है और मैं तुम्हें छोड़ दूं, यह हो नहीं सकता।"

उस दिन उसने मुझे बहुत कहा कि "रोहन, तुम्हारे अलावा मेरी ज़िन्दगी में कोई भी नहीं है।" और मैं बेवकूफ मान भी गया, आखिर प्यार जो था और उसकी झूठी बातों को सच मान गया।

7. " टूटे सपनों का सिलसिला"

अब हमारे जीवन में फिर से टकराव आ गए थे। वह मुझसे दूर होने लगी और मेरा दिल यह मानने को तैयार नहीं था। मुझे यकीन ही नहीं हो रहा था कि जिन्हें मैं अपना मानता हूँ, वे मुझसे दूर कैसे हो सकते हैं। हैरानी की बात यह थी कि यही सच था और मुझे झूठ पसंद था। अब बात इस हद तक पहुंच गई कि हम अलग हो गए।

एक दिन उसका मैसेज आया, "रोहन, मुझे रात को नींद नहीं आई, यह सोचकर कि हमारा कोई भविष्य नहीं है साथ और हम साथ नहीं रह सकते। हमें एक-दूसरे से अलग हो जाना चाहिए और यह बेहतर होगा हमारे लिए।" यह सुनकर मन हताश हुआ और मुझे बिल्कुल भी अच्छा नहीं लगा। मैंने उनसे सवाल किया, "क्या तुम्हें जो लगता है वह सही है? क्या हमें सच में अलग होना चाहिए? क्या तुम ठीक हो? कुछ ऐसा है जो तुम्हें परेशान कर रहा है? तो तुम बताओ, क्या सच में तुम्हें हम पसंद नहीं या तुम्हें कोई और मिल गया?"

इन सारे सवालों के जवाब उसने नहीं दिया, उल्टा बात घुमानी चाही और कहा, "तुम मुझे नहीं समझोगे, हमें अलग होना चाहिए!" मैंने उनसे कहा, "एक बार को मान लो हम अलग हो जाएं, क्या तुम मेरे बिना रह पाओगी?" फिर से जवाब नहीं दिया और मुझसे कहने लगी, "अलविदा, रोहन।" मैंने कहा, "चलो, एक आखिरी दफा मिलते हैं।" वह मान भी

गई।

अगले दिन हम मिलने वाले थे और मिले भी। बातें हुईं, सवाल उठे और जवाब दोनों के पास नहीं थे। हमने एक-दूसरे की ओर देखा और जोर से हँसने लगे कि हम कितने बेवकूफ हैं। छोटी बात पर अलग होना चाहते हैं। हमने एक-दूसरे का हाथ थामा, गले मिले और बात हुई। हमने बात सुलझा ली, हम दोनों मेरी गाड़ी में बैठे और ऐसे गले मिले कि कोई बिछड़ा मिल गया हो। मेरे मन से हल्की सी आवाज आई:

"ए खुदा मुझे यूँ न तड़पा,
मांगता उजाला हूँ तो अँधेरा मत दिखा,
अब बात इश्क़ की है,
मैं प्रेम चाहता हूँ,
मुझे इनसे जुदा न करा।"

हम कई देर तक ऐसे ही रहे और फिर उनके जाने का वक्त हुआ। मैंने उन्हें उनके घर तक छोड़ दिया। उस दिन तो सब ठीक हो गया था और मुझे लगा कि ऐसा फिर नहीं होगा। कई दिन तक हम ऐसे ही छुपके मिलने लगे। कभी गाड़ी में घूमते तो कभी पैदल ही निकलते। हमारी बात रोज होती, हर बार नया किस्सा जुड़ता और चलता। ऐसे ही हमारे सुहाने दिन कटते रहे। वह मुझसे कहती, "तुम मेरे लिए क्या कर सकते हो?" और मैं कहता:

"लिख दूँ किताबें तेरे लिए,
तेरे लिए शायर भी बन जाऊँगा,
तू सर्दी की ओस बन,
मैं उस ओस में रजाई बन के आऊँगा।"

"तू बन शायरी, मैं बड़े जज़्बे से गाऊँगा,
तू बन मेरी सुबह, मैं बड़े चाव से चाय पिऊँगा,
तू कहे, 'रोहन, तुम मेरे लिए क्या कर सकते हो?'
चाँद-सितारे छोड़ो, मैं खुदा लेके आऊँगा।"
"मैं क्या कर सकूँ तेरे लिए,
जो तू कर सके मेरे लिए,
मुसाफिर तो मैं भी हूँ इस भीड़ में,
मिला दे हमको तुमसे,
और क्या चाहिए तुम्हें हमसे?"
बातें फिर से चलती रहीं और कभी रुकी नहीं, या शायद रुकी? अब हमारी परीक्षा भी खत्म हो गईं, स्कूल का आखिरी साल भी हो गया। अब हम पहले से ज्यादा मिल सकते थे और इसी बात की मुझे खुशी भी थी। परंतु शायद उसे यह पसंद नहीं था। अब वही हुआ जिसका डर था। सन्नाटा खत्म होने लगा और मुझे आंधी की आवाज भी आने लगी। देखते ही देखते वह आंधी मेरी बहुत नजदीक आ गई और मैं उसमें खो गया।

अब जब हम मिलते, तो वैसे बात नहीं होती थी। अब वह सच में मुझसे दूर होने लगी। मुझे कैसे पता? क्योंकि जहाँ उसका मैसेज का जवाब कुछ ही मिनटों में आता था, अब वह कुछ घंटों में बदल गया। जहाँ वह रोज रात मुझसे बात करना पसंद करती थी, वह अब रोज मुझे यह बोल कर सो जाती, "रोहन, मेरा मन नहीं, मैं आज बहुत थकी हुई हूँ, कल बात करते हैं।" कभी-कभी वह 'कल' आता ही नहीं। कुछ दिन ऐसे भी थे कि मैंने सुबह सात बजे मैसेज किया और उसका रिप्लाई अगले दिन रात दस या ग्यारह बजे आता। उसमें भी वह यही बोलती, "मुझे माफ कर देना, मैं

थोड़ा व्यस्त थी और आज थकी हूँ। क्यों न कल बात करें?" जब यह चल रहा था, मैंने उनसे पूछा, "सब कुछ ठीक है? क्या तुम्हें किसी चीज की जरूरत है? तुम्हारी तबियत ठीक है? घर में सब ठीक है? तुम करती क्या हो दिन भर? मैं तुम्हारा इंतजार करता हूँ पूरे दिन और तुम मुझे कहते हो कल बात करते हैं? मैं पागलों की तरह आश लगाए बैठा हूँ कि तुम्हारा एक मैसेज आएगा परंतु तुम मुझे एक जवाब भी नहीं देतीं, क्यों?" इन सारे सवालों के जवाब उसने नहीं दिए। जब जवाब आया तो कहा, "मेरा फोन फिर से छीन लिया है मेरे घर वालों ने। मेरी मम्मी को तुम्हारे बारे में पता चल चुका है। मैं आजकल अकेले रहना पसंद करती हूँ और तुम तो मुझे एक पल का भी समय नहीं देते।" यह सब सुनकर मैं दंग था। इतना झूठ मुझसे बर्दाश्त नहीं था। उसने कहा कि मेरे पास उनके लिए समय नहीं है। यह सुनकर मेरा दिल टूट गया, जब उसने कहा, "रोहन, मुझे मेरे एक्स की याद आती है जब मुझे कोई अच्छी तरह से मानता नहीं।"

उस दिन रात को ग्यारह बजे यह बात खत्म हुई और वह सो गई। अगले दिन हमारी आखिरी मुलाकात हुई। उस दिन न मैंने कुछ कहा, न उसने। बस एक-दूसरे को देखा, आखिरी बार गले मिले, आखिरी बार संबंध बनाए और आखिरी बार एक-दूसरे को देख कर हम वहां से चले गए। शायद हम बिछड़ते नहीं या शायद आज भी साथ होते, पर होनी को कौन टाल सकता है। कहते हैं, "जो होता है, अच्छे के लिए होता है।" हमारी आखिरी मुलाकात के एक दिन पहले उसने मैसेज किया, "मुझे लगता है हमें एक-दूसरे का समय व्यर्थ नहीं करना चाहिए। न तुम मुझसे कभी शादी करोगे और न

हमारा कोई भविष्य साथ है। मुझे लगता है हमें अलग हो जाना चाहिए।" यह सुनकर मुझे अजीब तो लगा, पर बुरा नहीं। उसने मेरे दिल को पहले ही तोड़ दिया था, तो एक बात मुझे कैसे चुभती? मैंने कहा, "सही कहा तुमने। मुझे भी ऐसा ही लगता है, क्योंकि रिश्ते दोनों तरफ से चलते हैं। मैं अकेला इस रिश्ते को चलाने की कोशिश करूँगा तो सच में अपना समय व्यर्थ कर रहा हूँ। इससे बेहतर यह होगा जो तुम सोच रही हो वही हो।"

कहना आसान था। उसके लिए तोड़ना, आसान था, क्योंकि उसे आदत थी रिश्ते बनाने की और कुछ ही महीने बाद तोड़ने की। आखिर उसके रिश्ते आज तक तीन महीने से ज्यादा टिके भी हैं? नहीं! जिस इंसान के बहुत सारे रिश्ते हों, जिसे किसी एक के साथ टिकना न आता हो, उससे वफ़ा कैसे मांग सकते हो?

इसके बाद मन मायूस था, कभी भी हंसने का मन नहीं करता था। मानो मुझे मेरे अपने ने ही जिंदा दफन कर दिया हो। मेरे दिल से एक आवाज आई:

"आशिकी की इस भीड़ में महोब्बत का खजाना ढूंढ़ने मैं मुसाफिर चला,

हाल इतने बेहाल थे कि 'अज्ञात' मुसाफिर भीड़ में खो भी गया,

न आया हाथ खजाना और अपनी मंजिल में खुद को ही दफन कर चला।"

और भी कई विचार आने लगे मन में जैसे:

"लाख कोशिशें कर लूँ तुझे रब से छीनने की,

किन्तु इन हथेली में तेरी रेखाएं नहीं,

तू मिल भी जाए तो भी हाथ से छूट जाएगी,

इससे आने से अच्छा 'रोहन', तू अकेला ठीक है।"

और भी कई शायरी आने लगी मन में जैसे:

"बड़े प्यार से पाला था तुझे,

फूल गुलाब का समझा था तुझे,

तुझे आंधी पसंद थी,

तू उसके साथ चली गई।"

और भी बहुत जैसे:

"रातों की बातें मीठी सी,

सारी फरेब और झूठी सी,

हमारी कहानी भी छोटी सी,

कल शुरू और आज खत्म थी।"

मेरे दिल को छूने वाली शायरी यह थी:

"मेरे खयालों की बस्ती में बसेरा तेरा भी था,

रानी बनके रखा तुझे मेरे इस महल में,

शायद मेरा महल छोटा था जो तुम्हें पसंद न आया,

या शायद तेरे खयालों का राजा मैं नहीं कोई और था,

या शायद तुम किसी और के महल में होगे,

और वहां का राजा किसी और के खयालों में।"

जब इतनी शायरी लिख दी, तो फिर से दिल में ख्याल आया:

"मैं लाख शायरी लिख दूँ तेरे वास्ते पर सुनेगा कौन?

मैं लाख कोशिश कर लूँ तेरे वास्ते पर देखेगा कौन?

मैं जन्नत ले आऊँ जमीन पर, पर उसमें रहेगा कौन?

इसीलिए कितनी भी मशक्कत कर लूँ तुझे पाने की,

पर तू मुझे मिलेगी नहीं,

और मेरे दर्द को समझने और सुनने आएगा कौन?"

8. "घाव भरने?"

कुछ दिनों बाद मुझे मेरे मित्र का कॉल आता है और मुझे पता चलता है की उन्होंने नया आशिक बना दिया है और उनका नया आशिक और कोई नहीं वही छोटे कद का व्यक्ति था जिससे उनकी लड़ाई हुई थी और उनका चेहरा वह देखना नहीं चाहते थे। ये बात मैंने सुनी तो मैं अचंभित न था मानो मेरे दिल को पहले से ही पता था की ये होने वाला है और इसकी बनख तो मुझे उनके मैसेज न आने से ही आगयी थी। जब मुझे पता चला की कैसे कोई व्यक्ति कुछ ही दिन में अपने बॉयफ्रेंड को भूलकर नया बॉयफ्रेंड बना सकता है, की कैसे कोई अपने पुराने आशिक़ को यु भुला देता है की मानो वह तो कभी उनके जीवन में था ही नहीं और कैसे कोई सिर्फ दो दिन में नया रिश्ता जोड़ सकता है?। मुझे बहुत अजीब लगा पर ये सचाई भी है आजकल की प्रेम की, आजकल के लोग अपने प्रेमी को वैसे बदलते है मानो जैसे कपडे बदलना। मैंने थोड़ा सोचा की वो कैसे ये कर सकती है फिर ध्यान आया की जिसका तीन महीनो से ज़्यादा आजतक रिश्ता नहीं चला उस व्यक्ति के साथ मैं पूरा जीवन बिताना चाहता था, जो व्यक्ति अपने माँ-बाप की इज़्ज़त न कर सका उस व्यक्ति से मैं अपने घर की इज़्ज़त मांगता। मुझे दुःख तो हुआ और रोना भी बहुत आया इस दर्द में मैंने लिखा की,

"मैं कह भी दूँ तुम मेरी जान हो,
तुम तब भी मुझसे खफा रहोगी,

वो कह भी दे तुम्हारी जान ले लूंगा

और तुम हस्ते-हस्ते अपनी मौत उसे दे दोगी।"

हमारे बीच जो भी था प्यार या मोह मुझे उनसे कभी शिकायत न थी। शिकायत उनसे सिर्फ इस बात की थी की वह बाते छुपाती थी। मुझे ये समझ नहीं आता की जब आप ये बंधन में है तो आप एक दूसरे को सब कुछ क्यों नहीं बताना चाहते, क्यों नहीं आप बता सकते की मेरे जीवन में क्या चलरा है, मुझे क्या तकलीफ, तुम्हे मुझसे क्या तकलीफ है, क्यों आपको दुसरो से सलाह लेनी है, क्यों आप एक दूसरे से बात करके समझौता नहीं कर सकते। और सबसे एहम सवाल क्या ये भी कोई उम्र है प्यार मोहब्बत करने की? तुम्हे लगता है जो लड़की तुमसे आज इतने प्यार से बात कररी है वो कल को किसी और से ऐसे बात नहीं करेगी? क्यों ढूंढ़ते हो तुम वफाई उसमे जो खुद वफ़ा के काबिल नहीं है? क्यूँ।मेरा सवाल नौजवानो से है, वह स्त्री है देवी या भगवन नहीं और उनसे तुम वफादारी की मांग करते हो?। क्यों?

अरे करना है तो खुदके लिए कुछ करो असली मर्द हो तो देश के लिए कुछ करो, मर्दानी कितनी औरतों से बात करने पर नहीं, अपने पर ध्यान देना और दुसरो की इज़्ज़त करने में है। मैं कहना चाहूंगा वह औरत है उससे देवता भी समझ नहीं पाया तुम क्या समझोगे यदि वह तुमसे सचमे प्रेम करती, उसके बाद भी कोई भरोसा मत रखना की तुम्हारी हुई है। वह समय गुजर गया जब लोग बिछुड़ते कम थे जब शादी धर्म था और इस बंधन को सालो तक तोड़ते नहीं थे, मगर आज का जमाना अलग है, आज अगर आपको किसी से प्यार है वह प्यार कल किसी और पर होगा, इस ज़माने

में वफ़ा नहीं है।

एक आखरी बात और की अच्छे इंसान बनो, औरतों की इज़्ज़त करो, अपने से बड़े और छोटो की भी इज़्ज़त करना सीखो देखो मौत ही एक सत्य है वरना ये जीवन सिर्फ झूट है. तो बुरा करके मरने से अच्छा है कुछ अच्छा करके मरो।

"कुछ शर्म तो कर इस दुनिया की
तेरी आशिक़ी में हज़ारी आशिक़ बलि हुए है
हम तो खुश नसीब थे जिसे खुदा ने बचा लिया
अखिर हम तो वो कश्ती थे जिसे तिनके ने डूबा दिया था"

अब इस बात को महीने हो गए है, हमारी बात नहीं होती और हमने एक दूसरे को हर जगह से गायब किया है। खुदा करे वह जहा भी हो सही सलामत हो जिसके साथ भी हो वह भी सलामत और खुश रहे। बाकि मेरा क्या मैं तो हमेशा खुश ही रहता हूँ। इन दो सालो में मुझे बहुत कुछ अनुभव हुआ, मुझे नई चीज़े पता चली मुझे बहुत कुछ उन्होंने सिखाया कुछ उसकी बेवफाई ने मैं अंत में उन्हें माफ़ करना चाहूंगा मुझे पता था की वह मेरे साथ बंधन में होने के बाद भी उसके साथ बात करते थे मुझे पता था उनका मिलना चलना होता रहता था, मुझे पता था वह झूट कह रही थी, जब उसने हमसे ये कहा की "हम दोनों सिर्फ दोस्त है और वैसे भी मुझे वो पसंद नहीं" इसीलिए मैंने उन्हें जाते- जाते "झूटी" कहा है। अब इसके बावजूद भी मैं चाहूंगा की खुदा मुझे माफ़ करे क्यूंकि उनके पास इतनी हिम्मत नहीं की वह मुझे माफ़ कर पाए आखिर गलती तो उन्हिकि थी और मैं उनको माफ़ करना चाहूंगा। शायद न वह गलत थी न मैं शायद मेरा समय ही ख़राब था शायद हम दोनों ही बच्चे थे शायद मैं ही गलत, शायद ये सब कुछ "मोह' ही था।

"मेरी हर सांस में तुम हो
मेरी हर ज़ज़्बात में तुम हो,
मेरी ख़ुशी का कारण तुम हो,
मेरी इन बातों की वजह तुम हो,
फिर मुझसे कहती हो "तुम प्यार नहीं करते"
अब मेरी तन्हाई के कारण तुम हो,
मेरी इस हालत के कारण तुम हो"

धन्यवाद

बिना इस किताब को पढ़े, इस कहानी को समझना असंभव है। इसलिए, इस किताब को पढ़ने का समय निकालने के लिए धन्यवाद। आशा है कि आपको यह कहानी अच्छी लगी होगी और यह आपकी जिंदगी में एक सकारात्मक परिवर्तन लाएगी। अगर आपने इस कहानी को पढ़कर कुछ सीखा हो तो, मुझे अत्यंत खुशी होगी। आपका धन्यवाद!

लेखक- नवजोत व्यास ।